SOCIÉTÉ DES INGÉNIEURS CIVILS DE FRANCE

FONDÉE LE 4 MARS 1848

Reconnue d'utilité publique par décret du 22 décembre 1860

19, rue Blanche, PARIS

LE
CARBURATEUR CLAUDEL

PRÉCÉDÉ D'UNE

THÉORIE GÉNÉRALE SUR LA CARBURATION

PAR

M. H. CLAUDEL

EXTRAIT DES MÉMOIRES DE LA SOCIÉTÉ DES INGÉNIEURS CIVILS DE FRANCE

(Bulletin de mars 1904)

PARIS

19, rue Blanche, 19

1904

SOCIÉTÉ DES INGÉNIEURS CIVILS DE FRANCE

FONDÉE LE 4 MARS 1848

Reconnue d'utilité publique par décret du 22 décembre 1860

19, rue Blanche, PARIS

LE
CARBURATEUR CLAUDEL

PRÉCÉDÉ D'UNE

THÉORIE GÉNÉRALE SUR LA CARBURATION

PAR

M. H. CLAUDEL

EXTRAIT DES MÉMOIRES DE LA SOCIÉTÉ DES INGÉNIEURS CIVILS DE FRANCE

(Bulletin de mars 1904)

PARIS

19, rue Blanche, 19

1904

LE CARBURATEUR CLAUDEL

PRÉCÉDÉ D'UNE

THÉORIE GÉNÉRALE SUR LA CARBURATION

PAR

M. H. CLAUDEL

La carburation, pour le fonctionnement régulier et sous puissance maxima possible des moteurs à explosion, doit réaliser les desiderata suivants :

Le combustible doit être maintenu en suspension dans l'air à l'état gazéiforme, ou de vapeur peu éloignée de son point de saturation ;

Le mélange tonnant doit être parfaitement homogène, et ne contenir aucune partie liquide ou solide en suspension, susceptible de se résinifier ou se transformer en coke ;

L'air de combustion doit être en faible excès, afin d'éviter la perte calorique et les longues combustions ;

A tous les régimes de marche du moteur, la composition du mélange doit être rigoureusement constante, c'est-à-dire qu'une quantité donnée de combustible doit être en contact intime avec une quantité toujours égale de comburant ;

La durée de la carburation doit être aussi grande que possible, et la dépression dans le carburateur aussi constante que possible ;

L'état de suspension doit être maintenu jusqu'au moment de l'inflammation ;

La composition du mélange doit être absolument constante à tous les régimes, et un ralentissement quelconque du moteur doit toujours être obtenu avec un dispositif de régulation n'influençant pas la carburation.

Au point de vue de l'étude physique, on peut définir l'air carburé comme étant :

Le mélange de 13 m³ d'air avec 1 kg d'essence réduite à l'état de vapeur. Si nous voulons obtenir le rendement spécifique en puissance aussi élevé que possible, nous dirons que la vapeur d'essence sera prise à une température voisine de son point d'ébullition, parce que, dans ces conditions, à poids égal, son volume est moindre.

Si nous appliquons les lois résultant de l'étude des vapeurs saturées, nous déterminerons facilement la température minima nécessaire à l'état de suspension.

Soit F la tension des vapeurs d'essence ;

T la température de l'air carburé ;

H la pression atmosphérique ou 760 mm ;

D la densité, par rapport à l'air, de la vapeur d'essence.

Les 13 m³ d'air étant pris à 0 degré et à la pression H, à la même pression et à la température T, leur volume sera : $13(1 + \alpha T)$.

Mais la tension de l'air, dans le mélange, étant H — F, son volume à considérer doit être, d'après la loi de Mariotte :

$$13(1 + \alpha T) \frac{H}{H - F} ;$$

c'est aussi le volume du mélange et, en même temps, le volume de la vapeur d'essence, c'est-à-dire de 1 kg de vapeur d'essence sous la pression F ; le volume de cette dernière à la pression H sera :

$$13(1 + \alpha T) \frac{H}{H - F} \times \frac{F}{H} = 13(1 + \alpha T) \frac{F}{H - F}.$$

Sa densité, à T degrés, est $\dfrac{D}{1 + \alpha T}$.

Son poids, c'est-à-dire 1 kg, est donc représenté par :

$$13(1 + \alpha T) \frac{F}{H - F} \times \frac{D}{1 + \alpha T} \times 1{,}293 = 1.$$

En simplifiant, il vient :

$$13 \times \frac{F}{H - F} \times D \times 1{,}293 = 1 ;$$

d'où l'on tire : $13 \times FD \times 1{,}293 = H - F$.

Et enfin : $F = \dfrac{H}{1 + 13\,D \times 1{,}293}$.

Si on remplace H par 700 et D par 3,9 (correspondant aux vapeurs lourdes de l'essence), on obtient :

$$F = 11 \text{ mm.}$$

Cette tension de 11 mm correspond à une température de — 24 degrés, ce qui signifie qu'à 24 degrés au-dessous de zéro, le mélange carburé renfermera la vapeur d'essence à l'état de saturation ; à une température quelque peu supérieure, à — 20 degrés, par exemple, la vapeur sera sèche.

Cette température de — 20 degrés est la *température minima du mélange.*

Le combustible, pour passer de l'état liquide à l'état de vapeur, doit recevoir un calorique égal à sa chaleur latente de vaporisation.

Cette chaleur lui est fournie : d'une part, par sa chaleur propre, d'autre part, par la chaleur de l'air servant à la combustion.

La chaleur spécifique de l'essence, par kilogramme, est de 0,46 ;
»   l'air.   »   »   0,23 ;

Les 13 m³ d'air pèsent $13 \times 1,293 = 16,8$ kg.

Il en résulte que l'abaissement de 1 degré dans la température des corps fournira une somme de :

$$0,23 \times 16,8 + 0,46 = 4,32 \text{ calories.}$$

La chaleur de vaporisation de l'essence étant égale à 122 calories, si nous prenons l'essence et l'air à la même température, la vaporisation produit un abaissement de :

$$\frac{122}{4,32} = 28,4 \text{ degrés.}$$

Pour que le mélange carburé ne descende pas au-dessous de — 20 degrés, il faut donc que combustible et air soient pris à une température de :

$$- 20 + 28,4 = 8,4 \text{ degrés au minimum.}$$

Mais jusqu'ici nous n'avons pas fait intervenir les vitesses de carburation.

Étant donné que, dans un moteur d'auto tournant par exemple à 1 200 tours, la durée de carburation est réduite à un quarantième de seconde, l'on conçoit que, dans ce court espace de temps, la vapeur ne peut atteindre la tension indiquée dans toute la masse d'air ; il suffit, pour obvier à cet inconvénient, de donner à la vapeur une tension plus élevée, qui lui permettra de se répandre dans toute la masse d'air avec une vitesse suffisante pour obtenir l'homogénéité voulue.

Donc, en augmentant la tension de la vapeur, nous augmentons la vitesse de carburation et assurons ainsi l'homogénéité du mélange et sa composition constante.

Si nous appelons f la tension pratique de la vapeur, le rapport $\dfrac{f}{F} = e$ est toujours plus grand que l'unité.

Ce coefficient, analogue au coefficient hygrométrique, est lié à la vitesse du moteur par une loi mathématique, dans laquelle entrent divers facteurs, tels que : surface d'évaporation, nature du liquide et de l'air.

Dans le cas d'un carburateur à giclage fonctionnant à l'essence courante, ce coefficient doit être égal à 2,5.

En sorte que $f = 2,5 \times 11 = 27,5$ mm.

Cette tension correspond à — 9,5 *degrés*, température minima pratique du mélange.

La température commune initiale du liquide et de l'air doit donc être de :

$$- 9,5 + 28,4 = 18,9 \text{ degrés.}$$

Si l'essence et l'air ne sont pas pris à une température commune, on doit tout d'abord tenir compte de la température de l'un d'eux.

Soit T_1, la température de l'essence.

Son apport calorique est égal à :

$$0,46 \, (T_1 + 9,5) ;$$

Le calorique à fournir par l'air seul sera donc de :

$$122 - 0,46 \, (T_1 + 9,5) ;$$

L'excès de la température de l'air devra être de :

$$\frac{122 - 0,46 \, (T_1 + 9,5)}{0,23 \times 16,8} = T_2 :$$

Pour $T_1 = 10$, on trouve $T_2 = 29,7$ degrés.
La température de l'air sera donc de :

$$- 9,5 + 29,7 = 20,2 \text{ degrés.}$$

La précédente théorie, qui est la base de la carburation, est grosse d'enseignement ; on peut tout d'abord en déduire que les conditions du bon fonctionnement d'un carburateur sont dépendantes des températures, et que, pour le bon rendement d'un moteur, on doit pouvoir *régler ces températures avec autant* de précision que l'on règle le mélange d'air.

Les appareils construits jusqu'à présent avaient comme caractéristique de faire perdre au moteur 25 0 0 de sa puissance et de le prédisposer au cognement par inflammation anticipée.

Nos nouveaux appareils présentent, au contraire, cette particularité, que la puissance du moteur fonctionnant au pétrole lourd est supérieure de 10 0/0 environ à la puissance développée par la marche à l'essence.

Ceci s'explique du reste facilement, si l'on considère que les deux combustibles ont le même pouvoir calorifique, l'excès d'air nécessaire à l'évaporation rapide de l'essence enlève 33 0/0 de la puissance spécifique du moteur, tandis que l'élévation de température à l'aspiration du moteur au pétrole n'enlève que 18 0/0 de l'énergie, ce qui constitue, à l'avantage du pétrole, une augmentation de 13 0/0.

C'est du reste cette raison qui permet d'affirmer que le pétrole lourd est le carburant par excellence, et qu'il est prêt maintenant à prendre la première place dans les courses de vitesse, aussi bien que dans les concours de consommation.

DESCRIPTION DU CARBURATEUR CLAUDEL
A COMBUSTIBLES LIQUIDES

Le moteur dont les applications se généralisent de plus en plus est sans contredit le moteur à explosion.

Dans ses formes les plus diverses, ce type de moteur thermique réalise en général les conditions les plus avantageuses au point de vue industriel ; le *moteur à gaz* proprement dit, qu'il fonctionne au gaz de ville ou au gaz pauvre (indépendamment de la question économique pure, pour laquelle il tend à prévaloir sur tous ses concurrents) est arrivé à un perfectionnement tel, que les types récents de ce moteur présentent une sécurité de marche aussi grande que celle des meilleures machines à vapeur ; leur encombrement moindre, leur propreté absolue, leur élasticité, leur régulation, l'absence de surveillance dans leur fonctionnement, l'absence des dangers d'explosion ou d'incendie, sont autant d'avantages qui assureraient son succès, si ses générateurs (usines à gaz, gazogènes, carburateurs) égalaient la perfection et la simplicité de son mécanisme.

Il semble que l'attention doit surtout se reporter, maintenant, sur l'*alimentation* du moteur à explosion.

Le gaz à 0,20 f, les types récents de gazogène à charbon et combustibles solides, alimentant les moteurs industriels fonctionnant à poste fixe, ont abaissé de beaucoup le prix de revient de la force motrice pour les puissances élevées et moyennes, dans lesquelles le moteur à gaz pauvre tend à prévaloir.

Les carburateurs à essence assurent dans des conditions onéreuses le fonctionnement pratique des moteurs légers d'automobiles, de traction.

Le moteur à pétrole lourd est resté fort en arrière et c'est cependant de lui que l'industrie, la marine, la traction, attendent l'impulsion qui assurera la victoire du moteur thermique par excellence.

Le pétrole lourd est en effet riche en calorique, peu coûteux et abondant, facile à manier et à transporter là où le gazogène et l'usine à gaz ne peuvent être installés ou alimentés, où le combustible solide est trop coûteux.

La marine aurait un intérêt considérable à utiliser ce combustible dont les prix d'exportation varient de 10 à 15 f les 100 kg.

On a jusqu'à présent créé des moteurs spéciaux, compliqués, dont l'ingéniosité des mécanismes ne parvenait pas à amener le fonctionnement parfait et à permettre l'application des perfectionnements récents.

Faute de pouvoir le gazéifier, on a dû l'employer à l'état de vaporisation incomplète après pulvérisation.

La complication de ces moteurs, l'entrainement de goutelettes non vaporisées dont une partie se condense dans l'intérieur du cylindre, les obstructions qui en résultent, la combustion lente, conséquence d'une inflammation fusante, en font des outils d'une consommation coûteuse dont le fonctionnement irrégulier diminue encore la valeur industrielle.

Il est reconnu d'ailleurs que, tandis que les *moteurs à gaz* produisent le cheval-heure effectif avec une dépense de *2 300 calories*, les meilleurs *moteurs à pétrole* actuellement connus, consomment, pour produire le même travail, *4 300 calories*; la différence du prix de revient des combustibles, à poids égal, ne saurait égaler cet écart de *86 0/0*.

On a bien cherché à utiliser le pétrole à l'état gazeux, mais en le précipitant sur les parois surchauffées d'une cornue, même après pulvérisation, on a constaté des phénomènes de caléfaction, déterminant le prompt encombrement de la cornue et l'entrainement de gouttelettes (à une température inférieure à leur point d'ébullition) dont le contact avec le cylindre, en le résinifiant, le rend rebelle à toute lubréfaction, en même temps qu'elle détermine la formation de fumées acres et caractéristiques.

Si on envoie le pétrole à l'état de vapeur, dans la même cornue, les éléments carbonés qu'il contient se transforment en coke, nécessitant un nettoyage peu compatible avec ses emplois réguliers.

C'est donc la destruction instantanée et continue du coke, et après une vaporisation absolument rationnelle, qu'il est nécessaire de réaliser, pour être assuré de pouvoir substituer définitivement le pétrole brut ou lampant, combustible de toute sécurité, à l'essence, combustible coûteux et dangereux; nous nous sommes attachés à résoudre ce problème.

L'idée principale qui a dirigé nos recherches a été de donner au *moteur à explosion type*, devant fonctionner au pétrole, un *générateur* approprié au combustible liquide, comme le gazogène à gaz pauvre a été approprié aux combustibles solides.

Étant donné que le pétrole, aussi bien que l'essence, est constitué uniquement de carbone et d'hydrogène, on était au préalable certain que la combustion complète ne produirait que de l'anhydride et de la vapeur d'eau, l'un et l'autre incolores et inodores.

Ces résultats ont été pleinement réalisés par le carburateur Claudel.

Cet appareil très simple, d'un volume et d'un poids très restreints, réalise, dans des conditions de rendement inconnues jusqu'ici, l'utilisation des combustibles liquides.

Il permet, notamment de transformer, par une opération continué et facilement réglable, le pétrole brut ou lampant en gaz fixe, sans production de vapeur, ni fumée ni odeur, sans obstruction des organes, et de le *substituer à l'essence* dans tous ses emplois à la force motrice.

Sans aborder ici l'étude des applications de cet appareil à la gazéification des combustibles solides, à l'éclairage et au chauffage, nous n'examinerons, dans cette note, que celles relatives aux emplois dynamiques des combustibles liquides et surtout des pétroles lourds et lampants.

Nous résumerons rapidement les théories scientifiques bien connues, mais jusqu'alors inappliquées, sur lesquelles elles reposent, et, après avoir décrit l'appareil lui-même, nous en expliquerons la mise en marche et en préciserons les rendements.

Théorie.

Pour qu'un combustible produise son effet *thermique maximum* résultant d'une combustion complète, sous la plus haute température possible, il faut qu'au moment de l'inflammation ses éléments constitutifs aient été dissociés, amenés à l'état gazeux ou *gazéiforme* et mis en contact intime avec la *quantité de comburant strictement nécessaire à la combustion.*

Ce principe est absolu, il est conforme aux prescriptions des théories du Cycle Carnot ou de rendement maximum, et s'applique plus particulièrement aux moteurs thermiques.

Or, quelque progrès qu'ait fait, dans ces dernières années, l'emploi des combustibles dans les moteurs thermiques, ce principe reste jusqu'alors inappliqué. L'essence, le pétrole, l'alcool n'y sont employés qu'à l'état de vaporisation parfois incomplète et non de *gazéification.*

Or, la vaporisation, en amenant à l'état vésiculaire, les molécules combustibles, augmente considérablement leur volume relativement à celui correspondant à l'état gazeux; elle en limite l'inflammation à la périphérie et ne permet la combustion du noyau des vésicules que d'une manière lente et retardée sous l'action des comburants en excès dont l'échauffement inutile provoque un gaspillage du calorique.

La combustion à l'état vésiculaire a lieu en *deux phases* successives, la première phase permet la combustion de la périphérie de la vésicule qui s'entoure ainsi d'une couche de produits inertes dus à la combustion qui isolent en quelque sorte le noyau central du comburant.

Ce noyau central n'entre en combustion qu'après que l'enveloppe de gaz inerte a été disloquée par l'onde explosive ou diluée dans un excès ruineux de comburant.

L'intérieur des vésicules surchauffé par la combustion périphérique se dissocie partiellement et lorsqu'il s'agit de pétrole vient se résinifier sur les organes des moteurs, les tapissant de substances rugueuses rebelles à toute lubréfaction.

C'est ainsi que s'expliquent les fumées et l'odeur âcre des gaz d'échappement et la nécessité de fréquents nettoyages et démontages qui rendent les moteurs à pétrole actuels peu propres aux usages continus de l'industrie, de l'automobilisme et de la navigation.

Il est bien vrai que l'emploi de l'essence, dans ces conditions antiscientifiques, présente moins d'inconvénients que celui des autres combustibles liquides.

La ténuité de ses molécules constitutives, conséquence de son extrême volatilité et de sa tension de vapeur élevée, facilite leur intime mélange avec les molécules gazeuses, permet son usage dans le moteur thermique le plus parfait qui soit à l'heure actuelle, dans le moteur à explosion dont on connaît la régularité absolue, la haute puissance possible et l'excellent rendement.

L'essence à l'état de vapeur se rapproche beaucoup de l'état gazéiforme par ses propriétés physiques.

C'est cette qualité maîtresse qui assure le rôle prépondérant de l'essence dans l'alimentation des moteurs destinés à l'industrie et à l'automobilisme, malgré son prix élevé qui en fait un *combustible de luxe, et le danger* présenté par son emmagasinement et son transport.

L'emploi de l'alcool à l'état de vapeur et non à l'état gazeux présente de bien autres inconvénients.

La lenteur de sa vaporisation oblige, dans la plupart de ses applications, à en opérer le mélange avec une proportion considérable d'essence, en général 50 0/0, qui en diminue d'autant la consommation, tout en augmentant considérablement le prix de revient.

Ce mélange, en proportion empirique, n'assure, d'ailleurs, qu'une combustion incomplète de l'alcool et n'évite pas la formation d'aldéhydes qui, au contact de comburants toujours en excès, s'oxydent et se transforment en acide acétique qui corrode les soupapes et ne tarde pas à mettre hors de service les moteurs les plus sérieusement construits.

Nous ne connaissons, personnellement, aucun moteur fonctionnant industriellement sans nécessiter un rodage de clapet tous les quatre ou cinq jours, et dont les vapeurs d'échappement ne renferment pas une quantité plus ou moins grande d'acide acétique à l'état de vapeur de température fort élevée, 600 à 800 degrés

La *dissociation à basse température* de l'alcool réduit sensiblement ces inconvénients, élève son rendement, et diminue l'infériorité à laquelle le condamne sa faible puissance calorique dans sa lutte contre les autres combustibles liquides.

Cette dissociation rationnelle est assurée par notre appareil, dont nous allons tout d'abord étudier la conception primitive pour indiquer ensuite les perfectionnements qu'il a subis à la suite d'une expérience longue et laborieuse.

Deux solutions se sont imposées tout d'abord à notre esprit :

Si l'on introduit de la vapeur d'eau (H_2O) dans la cornue surchauffée en même temps que des vapeurs de pétrole et si, en les amenant à la température de dissociation, au-dessus de 850 degrés, on provoque leur transformation en *oxygène* et en *hydrogène*, l'oxygène à l'état naissant et le carbone en formation se combineront nécessairement pour former de l'oxyde de carbone, volatil et combustible qui se mêlera intimement aux autres gaz explosibles et à l'hydrogène libre, gaz éminemment inflammable.

Il résultera de cette combinaison une *récupération de chaleur perdue* et une *destruction certaine* de tous les produits solides de la combustion.

Si, d'autre part, au lieu de vapeur d'eau, nous introduisons dans la cornue de l'*anhydride carbonique* (CO_2), dans les mêmes conditions de température que la vapeur, l'anhydride se dissociera en oxyde de carbone et en oxygène ($CO + O$).

L'oxygène transformera le carbone en oxyde de carbone avant la formation du coke, et ce phénomène, qui ne se produira qu'au contact des parties les plus surchauffées de la cornue, provoquera une *régénération* partielle du combustible, en même temps qu'il laissera en liberté les *gaz inertes* assurant le *maintien* de la dissociation des autres éléments.

Ces deux réactions peuvent être provoquées soit isolément, soit ensemble.

Mais où trouver cette vapeur d'eau et cet anhydride carbonique?

Faudra-t-il compliquer les moteurs, dont la simplicité est le premier mérite, par l'adjonction de générateurs spéciaux?

Fort heureusement le moteur se charge de fournir lui-même les éléments oxydants de son combustible.

Les gaz d'échappement des moteurs à explosion se composent, en effet, de vapeur d'eau, d'anhydride carbonique et d'azote.

Les deux premiers éléments jouent leur rôle dans l'opération *d'oxydation du carbone* et le troisième, l'azote, bien loin d'y faire obstacle, contribue, en tant que gaz inerte, au *maintien* de la dissociation.

Il nous suffit d'introduire, en quantité proportionnelle et facilement réglable, les gaz d'échappement du moteur dans la cornue de notre gazogène, pour assurer la *gazéification complète et sans dépôt* des pétroles introduits.

Mais pour éviter le phénomène de *caléfaction*, qui se produirait si les combustibles étaient projetés à l'état liquide sur les parois de la cornue, le pétrole est tout d'abord amené à l'état de vapeur surchauffée et la haute température des gaz d'échappement, la récupération de chaleur perdue qui résulte de leur emploi, servent encore à cette opération.

Afin d'assurer une dissociation complète du pétrole, le phénomène a été rendu indépendant de la phase d'aspiration du moteur; il est prolongé pendant la durée du cycle complet par l'introduction lente, sous régime constant, de la quantité de pétrole strictement nécessaire.

Sa durée est ainsi rendue *quatre* ou *cinq fois* plus longue que celle accordée à la simple vaporisation dans les moteurs usuels.

Nous évitons ainsi, nous le répétons, la caléfaction qui laisserait subsister des gouttelettes de pétrole non vaporisé, s'accumulant à une température inférieure au point d'ébullition ainsi qu'il arrive dans la généralité des moteurs à pétrole, même dans ceux munis de soi-disant gazéificateurs qui ne sont que des vaporisateurs incomplets.

Par l'ensemble de ces opérations, d'une simplicité élémentaire, nous devrons obtenir la parfaite gazéification des pétroles, leur rendement thermique maximum en même temps qu'une récupération.

Nous avons dû, afin d'augmenter les puissances développées, nous restreindre à une dissociation partielle, dans laquelle les produits gazeux maintiennent les vapeurs en suspension.

En outre, afin d'abaisser la température du mélange gazeux introduit dans le moteur, nous avons dû prendre l'élément oxydant (oxygène) dans l'air atmosphérique.

En premier lieu, l'adduction de gaz brûlés à l'intérieur de la cornue avait pour inconvénient de donner aux produits de dissociation une température trop élevée préjudiciable à la puissance développée par le moteur; d'autre part ce dernier nécessitait un refroidissement incompatible avec application automobile.

Nous avons donc songé à réduire la température des produits gazeux, même au détriment de la dissociation qui est maintenant effectuée à la température plus basse; l'élément oxydant a été emprunté à l'air atmosphérique constitué d'oxygène et d'azote; notre mélange gazeux combustible renferme une certaine quantité de vapeur de pétrole qui se trouve entraînée par les molécules de gaz fixe, il en résulte une combustion pratiquement parfaite.

Mais le point auquel nous nous sommes particulièrement attaché a été la régulation; nous avons cherché à la simplifier et à la rendre automatique, nous avons pu réaliser ces desiderata et créer en même temps un appareil plus esthétique et moins encombrant dont la mise en route a été également améliorée.

Dans notre dernier type d'appareil, l'aspiration du moteur produit une introduction automatique de liquide combustible et de l'air nécessaire à l'oxydation du coke; air et liquide sont mis en contact dans l'intérieur de la cornue, cette dernière est chauffée extérieurement par les gaz provenant de l'échappement du moteur.

Les produits de dissociation sont aspirés par le moteur et passent de l'intérieur de la cornue à une chambre de mélange traversée par l'air de combustion aspiré également par le moteur.

Le mélange produit se rend au moteur.

Le parcours que le liquide, se transformant en vapeur et enfin en gaz, est obligé de faire en contact avec une quantité d'air déterminée, assure la transformation du coke en oxyde de carbone, grâce à l'oxydation produite par cet air qui abandonne la presque totalité de son oxygène.

La quantité d'air introduite dans la cornue est fonction de la teneur en coke du combustible et est toujours très petite par rapport à la quantité d'air nécessaire à la combustion.

Autorégulation.

La communication de la cornue à la chambre de mélange ainsi que les tubes de dissociation disposés en chicane à l'intérieur de la cornue ont pour but de créer une *résistance* convenable à *l'écoulement du gaz* dans la chambre du mélange.

Cette résistance augmente avec la vitesse d'écoulement, c'est-à-dire avec la succion du moteur dans la chambre de mélange; il en résulte que, quand la vitesse de ce dernier augmente, la dépression produite à l'intérieur de la cornue et, par suite, sur l'ajutage d'écoulement du pétrole augmente, mais dans une *proportion moindre* que si l'ajutage était en communication directe avec la chambre·de mélange ou colonne principale d'aspiration.

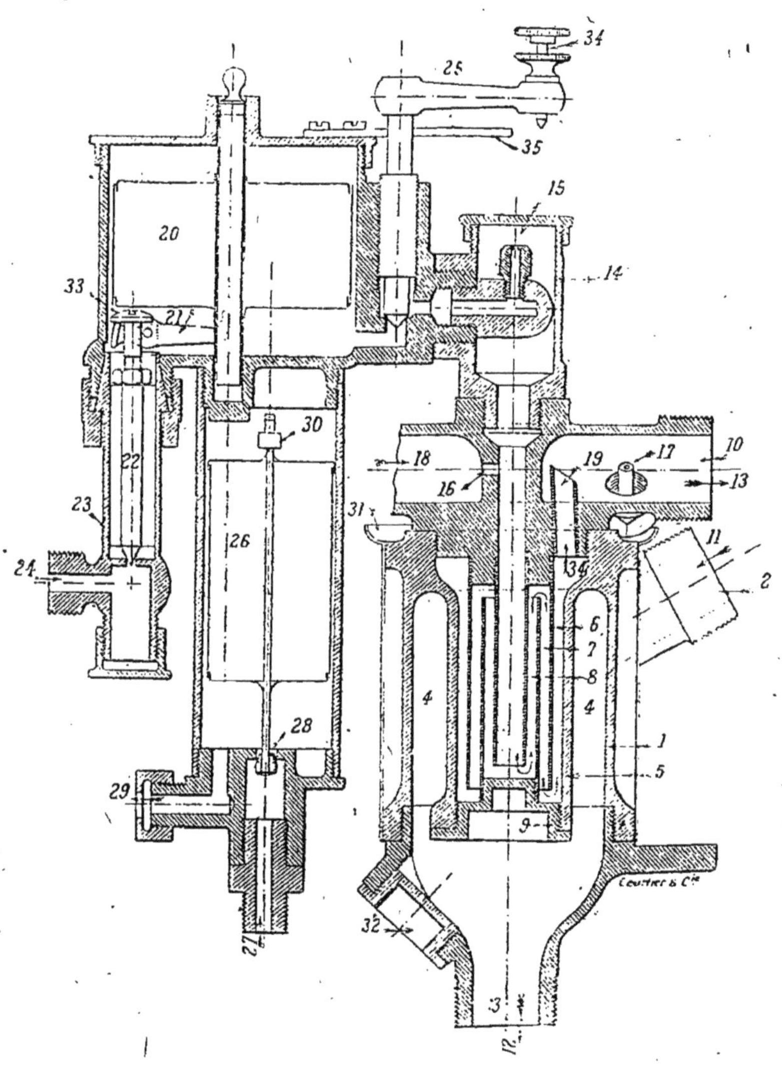

Les divers étranglements sont réglés une fois pour toutes et de façon telle qu'à vitesse maxima et à vitesse minima la carburation soit constante.

On a ainsi, sans aucun organe mobile ou régulateur quelconque un réglage de la carburation aussi rigoureux qu'on le désire.

L'appareil indiqué *(fig. 1)* est constitué par un corps cylindrique en fonte 1, formant double enveloppe par suite de la venue d'une seule pièce à son intérieur, et suivant son axe, de la cornue 5, dont le fond est fermé par un bouchon 9.

L'enveloppe 1 porte une tubulure 2 par laquelle pénètre le gaz de l'échappement qui circule ainsi dans la chambre annulaire 4 et s'échappe par la tubulure 3 formant support d'attache de l'appareil.

L'enveloppe est munie à sa partie supérieure d'une boîte de mélange 10 formant la partie supérieure de la cornue. Cette boîte de mélange est constituée par une tubulure communiquant en 18 avec l'air extérieur et en 13 avec la soupape d'aspiration du moteur ; elle porte en son centre un bossage percé d'un trou axial prolongeant la capacité de la cornue et par lequel un très petit orifice 16 permet la communication de cette capacité avec la tubulure d'aspiration 18.

La tubulure est dilatée à l'endroit du bossage et est munie de tubes mélangeurs 19 qui débordent dans la partie supérieure de la cornue.

Le support du flotteur 14 surmonte la boîte de mélange et porte en son centre un gicleur d'arrivée de pétrole 15 alimenté sous niveau constant par le flotteur 10 réglant par le levier 21 et le pointeau 22 l'arrivée du pétrole faite en 24.

Mise en route.

Il est nécessaire, pour la mise en route de l'appareil, que la cornue soit chauffée au préalable.

A cet effet, une lampe fonctionnant au *pétrole lourd exclusivement* est introduite sous la cornue par le bouchon amovible 32 et, en trois minutes au maximum, étant donnée la faible masse de la cornue, la température suffisante pour le départ est atteinte, la lampe étant retirée et le bouchon 32 replacé, il suffit d'ouvrir le robinet à vis 25 permettant l'arrivée du pétrole à l'ajutage 15. Il suffit de faire deux ou trois aspirations au moteur pour effectuer sa mise en marche, l'échappement arrivant par la tubulure 11 réchauffe la cornue et le régime permanent est obtenu.

Dans le cas où l'emploi d'une très petite quantité d'essence ou d'alcool n'est pas dangereuse ou trop onéreuse pour éviter l'attente du chauffage, un flotteur 26 alimenté d'essence ou d'alcool règle l'arrivée du liquide volatil au gicleur 17, monté sur la tubulure d'aspiration 13, comme il est fait dans les carburateurs courants à essence.

Une coupelle 31 peut également servir au réchauffage suffisant au démarrage. On la remplit d'alcool ou d'essence et, après la combustion de son contenu, on peut, après plusieurs aspirations, obtenir le démarrage, on laisse tourner le moteur à vide pendant une demi-minute et on charge ensuite normalement.

La première méthode s'emploie à poste fixe, dans les régions tropicales, la marine et, en général, partout où il est indispensable de ne mettre en vente que du pétrole.

La seconde méthode, grâce à son départ instantané et au changement de combustible sans ralentissement du moteur, est la plus élégante pour nos contrées, et l'automobilisme en particulier.

La première solution répond à une nécessité, la seconde évite l'attente du chauffage et la manœuvre de la lampe ; l'une et l'autre sont assurées.

Fonctionnement.

La dépression produite par l'aspiration du moteur permet le passage de l'air de combustion dans la chambre du mélange suivant les flèches 18-13.

Cette dépression se fait sentir dans la cornue et, par suite, sur l'ajutage, grâce aux tubes de communication 19.

Le pétrole s'écoule donc par l'ajutage et gagne la cornue où il se vaporise dans le tube central 8, la vapeur formée de surchauffage entre les tubes 7 et 8 et la dissociation s'effectue sur les parois de la cornue 5.

La dépression à l'intérieur de la cornue permet l'introduction, par le petit orifice 16, d'une quantité d'air proportionnelle à la quantité de liquide introduit et, par suite, à la quantité de coke à transformer.

On voit sur la figure 2 que l'orifice du gicleur 15 est séparé de la chambre de mélange (dans laquelle la dépression aspirative est très grande) par les tubes 19, 6, 7 et 8 qui produisent un étranglement qui a pour but de rendre la dépression sur le gicleur 15 moindre que dans la colonne d'aspiration ou chambre de mélange.

La perte de charge due à ces étranglements augmente avec la vitesse d'écoulement, c'est-à-dire avec la dépression aspirative sensiblement portionnelle à la vitesse du moteur.

Il suffit, pour avoir la carburation constante à tous les régimes, de régler cette perte de charge ou étranglement, de telle façon qu'à grande vitesse aussi bien qu'à vitesse lente, la quantité de pétrole introduite soit toujours proportionnelle à la quantité d'air aspiré par le moteur, dans la proportion de 1 kg de pétrole pour 16 kg, 500 d'air.

Cette condition de carburation constante est capitale pour toutes les applications dans lesquelles on demande au moteur de l'élasticité, comme dans l'automobilisme, la marine, la traction, ou des écarts de travail considérables, groupes électriques, industrie.

Il arrive, en effet, qu'avec les carburateurs ordinaires à essence, on doit, pour les écarts de vitesse donnés, changer en même temps la carburation, c'est-à-dire dès que la vitesse du moteur augmente on doit augmenter l'air et *vice-versa*, ceci dû à ce que les écoulements de liquide et d'air ne sont pas proportionnels.

Grâce à notre dispositif on peut faire tourner un moteur de 200 à 2 000 tours sans que la carburation varie et sans qu'il soit nécessaire d'effectuer aucun réglage.

Pour l'établissement d'un type d'appareil, voici comment nous opérons :

Nous déterminons la dépression sur le gicleur, à 300 tours par exemple, en faisant intervenir la perte de charge à cette vitesse et déterminons la section de l'orifice du gicleur dans lequel la vitesse d'écoulement est donnée par la formule :

$$V = \sqrt{2g(h - h')} + \sqrt{2g\frac{(p - p')}{d}},$$

dans laquelle $h - h'$ est la hauteur d'écoulement du liquide; $p - p'$ la dépression aspirative *variable*; d est la densité du pétrole.

Nous déterminons la dépression aspirative à 2 000 tours et réglons notre perte de charge de telle façon que la vitesse V prenne une nouvelle valeur sensiblement proportionnelle à la vitesse angulaire du moteur.

Nous ferons remarquer en passant que le réglage par pointeau est inapplicable, car il donne un écoulement constant de liquide si l'on ne manœuvre à tous instants la position des robinets.

Étant donnés la régulation rationnelle de nos appareils et leur fonctionnement sans excès de comburant (contrairement aux carburateurs à essence qui, on le sait, entrainent une perte calorique de 20 à 25 0/0, on pouvait prévoir un rendement très élevé, les expériences ont pleinement confirmé nos résultats.

Ainsi que les procès-verbaux annexés l'indiquent, la consommation d'un moteur à allure rapide automobile genre Aster, de Dion, etc., de la puissance de 7 ch est de :

    0,34 l de pétrole par cheval-heure effectif ;
    0,69 l de pétrole par kilowatt-heure aux bornes :

en pétrole 812 à 0,25 f le litre.

Le même moteur dépense :

    0,50 l d'essence par cheval-heure effectif ;
    1,105 l d'essence par kilowatt-heure aux bornes :

en essence à 0,45 f le litre :

    Le cheval-heure à pétrole coûte donc 0,085 f.
      —   à essence   —   0,225 f.

Pendant les essais on a constaté une marche absolument régulière du moteur. On a pu passer instantanément de la pleine à la demi-charge et à la marche à vide et *vice versa* sans produire aucun réglage au carburateur.

Le carburateur à essence nécessitait une diminution d'air importante quand on passait de la pleine à la demi-charge ou à la marche à vide ; dans ce dernier cas le moteur présentait une série de ratés qui eussent immédiatement arrêté sa marche si l'on n'avait pas opéré le nouveau réglage.

Sur moteur à vitesse lente, genre Crossley, la consommation par cheval-heure effectif est descendue à 0,27 l, soit 210 g.

Dans l'un et l'autre cas et après soixante-dix heures de marche, le moteur et les appareils ont été démontés, nulle trace d'encrassement n'a été découverte, les bougies d'allumage paraissaient absolument neuves.

Sur un parcours total de (18 000) dix-huit mille kilomètres, qui a précédé la mise en exploitation, le moteur d'une voiture d'essai a été démonté trois fois sans qu'il soit constaté aucun encrassement ou usure anormale.

En résumé, les avantages principaux du carburateur Claudel peuvent se résumer ainsi :

Économie de 60 0/0 sur l'emploi de l'essence ;

— .   20 0/0 sur l'emploi du gaz de ville ;

Absence absolue d'encrassement des moteurs et des appareils ;

—   d'odeur ou de fumée ;

Fonctionnement assuré sur tous moteurs, quels qu'en soient la vitesse, la puissance, le régime, le mode d'allumage ;

Adaptation aux types les plus divers, sans changement d'aucun organe ;

Absence totale de réglage ou surveillance.

Nous rappelons qu'en ce qui concerne les applications maritimes, le prix du pétrole varie de 10 à 15 f les 100 kg.

Des essais de grande puissance (300 à 900 ch) vont être effectués incessamment en vue d'une application maritime : nous serons heureux de communiquer les résultats à la Société.

Essais du carburateur Claudel
à la maison De Dion, Bouton et Cⁱᵉ, Ingénieurs-Constructeurs,
36, quai National, à Puteaux (Seine).

Puteaux, le 27 janvier 1904.

Essai de ce jour sur un groupe électrogène à 150 volts.

Gazogène Claudel au pétrole ordinaire D = 0,817 ;
Régime du groupe : 22 ampères × 150 volts.
Consommation de pétrole relevée de 9 à 10 heures = 2,35 l ;
—   —   10 à 11   — = 2,33 l ;
—   —   9 à 14 h. 12′ = 5 l.

La consommation de la première heure est un peu plus grande à cause de la mise en marche à froid.

Énergie produite à la dynamo : 22 × 150 = 3 300 watts.

Dépense moyenne par heure : $\dfrac{51 \times 60}{132} = 2,27$ l ;

—   —   par kilowatt-heure : $\dfrac{2,27}{3,3} = 0,688$ l.

Aucune particularité dans le fonctionnement du moteur dont la marche était régulière.

L'Ingénieur chef des Services électriques
Signé : **L. GUILLET.**